Cómo recaudar fondos para una causa

Leslie Harper

Traducido por Marcela Brovelli

PowerKiDS
press
New York

Published in 2015 by The Rosen Publishing Group, Inc.
29 East 21st Street, New York, NY 10010

First Edition

Editor: Norman D. Graubart
Book Design: Joe Carney
Book Layout: Colleen Bialecki
Photo Research: Katie Stryker

Library of Congress Cataloging-in-Publication Data

Harper, Leslie.
 [How to raise money for a cause. Spanish]
 Cómo recaudar fondos para una causa / by Leslie Harper.
     pages cm. — (Sé un líder de la comunidad)
 Includes index.
 ISBN 978-1-4777-6901-0 (library binding) — ISBN 978-1-4777-6902-7 (pbk.) —
 ISBN 978-1-4777-6903-4 (6-pack)
 1. Fund raising—Juvenile literature. I. Harper, Leslie. How to raise money for a cause. Spanish. II. Title.
 HV41.2.H38718 2015
 658.15'224—dc23
                          2013051047

Manufactured in the United States of America

CPSIA Compliance Information: Batch #WS14PK3: For Further Information contact Rosen Publishing, New York, New York at 1-800-237-9932

Contenido

Elegir una causa

Al conocer más tu comunidad y el mundo que te rodea, tal vez comiences a preguntarte cómo podrías solucionar algunos de sus problemas. Elegir una **causa** y apoyarla podría parecer sencillo. Sin embargo, las personas necesitan ayuda de diferentes maneras, y hay muchos problemas para resolver. Hay causas para rescatar animales de la calle, para proteger a los animales salvajes, para cuidar del medioambiente y muchas otras. ¿Cómo harás para elegir tu causa y apoyarla?

Piensa en qué problema mundial te preocupa más. Puede que esté lejos o incluso en tu cuidad.

Primero deberás pensar en lo que es realmente importante para ti. La gente suele apoyar causas que le apasiona o que tiene un interés especial por ellas. Quizá quieras ayudar para que se construya un parque en tu vecindario. A lo mejor, te gusta leer y quieres comprar libros para la biblioteca de tu escuela. Si deseas ayuda para elegir una causa, habla con tu maestra o el bibliotecario de tu escuela. Investiga en la biblioteca o en Internet si en tu comunidad hay alguna necesidad o problema que puedas ayudar a resolver.

Ayudar a los demás

Imagínate que pasan por televisión la noticia de un terremoto ocurrido en Haití. De pronto, los periodistas informan que las víctimas necesitan ayuda. Tal vez, un tornado arrasó un pueblo cercano al tuyo. Por lo general, la mejor manera de colaborar en estas catástrofes es enviando dinero a una organización benéfica, como la Cruz Roja. Decides que quieres ayudar enviando dinero, pero cuando abres la caja donde guardas tus ahorros encuentras que tienes poco dinero.

Esta foto muestra los daños causados por el terremoto ocurrido en Haití en 2010. Más de un millón de personas perdieron sus casas.

Cuando encuentras un problema que te preocupa, y quieres ayudar a solucionarlo, entonces has encontrado una causa y una buena razón para recaudar dinero. Otra palabra para "dinero" es "fondos" y recaudar dinero para una causa, también se conoce como **recaudación de fondos**. Quizá parezca un poco raro enviar dinero a las víctimas de un terremoto. Pero recuerda que éste no va directo a las víctimas, sino a una organización que utiliza ese dinero para comprar lo que la gente necesita. Ese dinero sirve para pagar a los médicos, para comprar medicinas, para construir refugios, para despejar los escombros de las áreas peligrosas y para muchas otras cosas.

Ponte en contacto

Antes de comenzar a recaudar dinero, es una buena idea que te comuniques con la persona o grupo que has elegido. Si piensas **donar** o enviar dinero a una organización de ayuda a las víctimas de los desastres naturales, entra en su página web y busca el nombre de la persona encargada. Explícale por teléfono o por e-mail que estás interesada en recaudar dinero para su organización. Pregúntale si tienen alguna necesidad en particular. Aunque en un principio quizá pensaste en recaudar dinero, a lo mejor ellos están más necesitados de ropa o de alimentos enlatados.

Cuando hables por teléfono con alguien de la organización, diles quién eres y pregúntales cómo pueden colaborar.

Este director de escuela habla con empresarios y profesionales durante un encuentro social. Tal vez, el director de tu escuela conozca a alguien que pueda ayudarte con tu causa.

También puedes hablar con el director o vicedirector, maestros o consejeros de tu escuela. Explícales tu idea y cómo quieres ayudar; es posible que te pongan en contacto con algunas organizaciones que ellos conocen, o con personas que trabajan en ellas. La persona con la que mantendrás comunicación directa, se conoce como **intermediario**.

Consejos

*Aprende acerca de la organización con la que vas a colaborar. Quizá sea **sin fines de lucro**, que significa que todo el dinero que recaudan se destina a la causa. A veces, las grandes empresas tienen programas para mejorar el mundo. Cuando te pongas en contacto con la organización, averigua si ésta es sin fines de lucro o es parte de una empresa privada. Ambas formas de caridad pueden hacerle mucho bien al mundo.*

9

Establecer una meta

Muchas de las causas que tal vez te interesan apoyar se involucran en grandes proyectos que toman años, incluso décadas, para llevarlas a cabo. Por ejemplo, las causas que se ocupan del mantenimiento y protección del medioambiente por lo general recaudan fondos durante todo el tiempo que dura el trabajo. Otras causas, sin embargo, tienen un plan específico y pueden resolver un problema en poco tiempo.

El derrame de petróleo de la plataforma "Deepwater Horizon", en el Golfo de México en 2010 fue una catástrofe para la fauna de la región. Sin embargo, gracias a las donaciones y al trabajo de voluntarios, las organizaciones ambientalistas limpiaron el área.

Antes de llamar a la organización, asegúrate de visitar su página web. Tal vez encuentres ideas para recaudar dinero, u otras maneras de contribuir a la causa.

¿Deseas enviar dinero a una organización benéfica ahora mismo? Tal vez ocurrió un desastre debido a un derrame de sustancias químicas. Quizá desees enviar dinero a una entidad dedicada a prevenir este tipo de desastres, por ejemplo, una entidad protectora del medioambiente.

Para poder tener un impacto, deberás decidir cuánto dinero debes recaudar. Esta cantidad será tu meta. Pregúntale a tu intermediario cuál sería una meta factible para que un estudiante como tú pudiera recaudar. Si estableces una meta, te será más fácil recaudar el dinero que necesitas.

My Goals

1
2
3

¿Cuánto dinero deseas recaudar? ¿A cuántas personas quieres contactar acerca de tu proyecto? Estos proyectos pueden ser parte de tus metas.

11

Una vez que hayas fijado tu meta, puedes decidir cómo vas a recaudar el dinero. Puedes llevar a cabo un **evento** o actividad que dependerá de los fondos que desees recaudar. Por ejemplo, para recaudar $100 podrías hacer pasteles y dulces y venderlos en una feria. Tú y tus amigos podrían elegir un postre para hacer cada uno: pasteles, galletas, bizcochos, etc. Pregúntale a una maestra si puedes colocar una mesa en la cafetería de la escuela para vender los postres durante el almuerzo o después de clase. Asegúrate de que todos sepan que el dinero que

Supongamos que vas a organizar una venta de pasteles. Según tu meta, calcula a qué precio debes vender los postres.

12

recaudas es para una causa que vale la pena.

En ocasiones es posible que superes tu meta. Tal vez tengas otras causas que te gustaría apoyar, sin embargo, el dinero recaudado por la venta de los postres debe ser destinado a la primera causa. Los alumnos que compren los productos deben saber que el dinero va a la causa que ellos apoyan y no a otra.

> No te sorprendas si recaudas más dinero del que pensabas. A veces, la gente dona más porque también apoya tu causa.

Consejos

Tal vez recaudes mucho más de lo esperado. El siguiente paso dependerá de cómo vayas a emplar el dinero. Si recaudas $150 pero tu meta era $100, puedes enviar la diferencia a la misma causa u a otra similar. Si hablaste con alguna organización, cuéntales lo que lograste y pregúntales si pueden utilizar el dinero extra para apoyar tu causa de alguna otra forma.

Grandes metas, grandes planes

Recaudar $50 ó $100 para obras de caridad o para una causa es un gran logro, pero si quisieras recaudar más dinero quizás lo puedas lograr si te pones una meta. Algunas causas, como por ejemplo, hallar una cura para el cáncer, pueden tomar muchos años y costar muchos millones de dólares. Recaudar un millón de dólares tú solo es poco probable pero la cantidad que recaudes, por pequeña que sea, será una gran ayuda.

Aunque tu objetivo principal sea recaudar dinero, también puedes colocar una caja para donaciones de ropa, alimentos u otros artículos.

DONATION BOX

Si decides participar en una competencia solidaria, pídeles a tus amigos que se inscriban. Con más gente podrás marcar una mayor diferencia.

Supongamos que tu meta es recaudar $500. Quizá esa sea la cantidad exacta que necesitas para comparar alimentos para una familian que perdió su casa en un desastre natural.

Para alcanzar una meta tan grande como $500, tendrás que pensar en cómo recaudar mucho dinero en poco tiempo. Piensa en alguna habilidad especial, talento o **recursos** a tu alcance. Si eres deportista y te gusta correr, inscríbete en una competencia solidaria. La gente puede donar una cierta cantidad de dinero por cada milla o kilómetro que corras.

En busca de patrocinadores

Las donaciones que recibes, generalmente vienen de personas que apoyan tu causa. Sin embargo, las empresas también pueden ayudarte a lograr tus objetivos. Algunas donarán dinero; a otras les interesará **patrocinar** o ayudar a financiar un evento para recaudar fondos. El patrocinio de un evento te beneficia tanto a ti como al patrocinador: tú recaudas dinero y el patrocinador da a conocer sus productos y servicios.

Esta alumna planea un evento para recaudar fondos con un hombre de negocios.

Si prefieres colaborar con una empresa para recaudar fondos, una **rifa** es una buena manera de hacerlo. La empresa se encargará de donar un premio especial, un certificado de regalo, una canasta con productos o pasajes de avión para unas vacaciones. En el evento, la gente compra boletos ya numerados para participar de la rifa y tal vez ganar algún premio. El dinero de la venta de los boletos se destina a tu causa. Cada boleto podría costar $1, $20, $50 o más. Por lo general, a la gente no le importa pagar más dinero con tal de obtener mejores premios.

Consejos

Cuando te comuniques con una empresa para que patrocine tu evento, explícale bien tu causa y lo mucho que podría ayudar una donación. Es bueno que memorices algunos datos como, cada cuánto ocurren los desastres naturales en la zona a la que quieres ayudar, el índice de pobreza del país u otra clase de información importante.

Trata de que la empresa patrocinadora que elijas tenga un interés especial por tu causa. Si cerca de tu pueblo ocurrió un desastre natural, tal vez haya una maderera o una ferretería dispuesta a donar dinero o materiales. Sé creativo a la hora de buscar un patrocinador. Si se trata de un terremoto, quizá cerca de tu pueblo haya una compañía embotelladora de agua que quiera ayudarte a recaudar dinero para darles agua potable a las víctimas del terremoto. Explícale a los patrocinadores que no sólo buscas recaudar dinero, sino gente que quiera apoyar tu causa porque es importante para ti.

Quizás al dueño de una ferretería local le interese ayudar a la reconstrucción aportando materiales. Asegúrate de que el patrocinador sepa cómo se va a utilizar el dinero.

HOJA DE SUBASTA SILENCIOSA

NOMBRE DEL PRODUCTO: Taladro

DESCRIPCIÓN: Nuevo, inalámbrico, 18 voltios, con baterías de repuesto

NOMBRE DEL DONANTE: Fred's Hardware Store

OFERTA INICIAL: $90   **OFERTA MÍNIMA:** $10

NOMBRE DEL LICITADOR: **MONTO DE LA OFERTA:**

1.

2.

Éste es un ejemplo de una hoja de subasta silenciosa. Acompaña cada producto con una hoja como ésta y un bolígrafo.

Una manera de trabajar con una empresa es realizar una subasta silenciosa. Durante una subasta, los licitadores inspeccionan los productos que están a la venta y luego hacen una oferta por escrito. Los productos son mercancías que donan empresas o negocios locales.

Consejos

Para hacer una subasta silenciosa, debes saber qué forma de pago vas aceptar. ¿Recibirás dinero en efectivo, cheques personales o tarjetas de crédito? Asegúrate de que tus invitados también sepan esto antes de la subasta. Ciertas aplicaciones como Square para iPad y iPhone son muy útiles para los eventos de recaudación de fondos. Pero antes de bajar alguna de ellas, habla con tus padres.

¡Corre la voz!

Cuanta más gente sepa acerca de tu causa y de tu evento, más dinero será el que probablemente reúnas. Por eso, cuando termines tu plan de acción, ¡corre la voz para todos se enteren de tu evento!

Primero, prepara una lista de todas las preguntas que la gente podría hacer. Por ejemplo, fecha y lugar del evento y destino del dinero donado. Luego, redacta una síntesis clara con toda esta información.

Practica con amigos o familiares hasta que puedas explicar tu causa y evento en 30 segundos, aproximadamente.

¿Podrías explicar el porqué de tu evento claramente y en menos de un minuto? A esto se le llama "discurso de ascensor", porque puedes decirlo antes de llegar a tu piso.

Tal vez, sólo dispongas de ese tiempo para comentar por qué deseas recaudar dinero. Cuando hables con la gente, para facilitar tu tarea, ten toda la información necesaria anotada en una hoja para ofrecerla a todos los interesados. Distribuye panfletos con hora, fecha y lugar de tu evento. Es buena idea incluir direcciones de páginas web con información sobre tu causa.

Estos posters son fantásticos para dar a conocer tu mensaje. Usa un lenguaje claro y letra grande para que todos lo puedan leer fácilmente.

La gente cuando escucha a alguien que ha sido directamente afectado por tu causa, posiblemente se interese más por ir a tu evento y donar dinero. Si estás recaudando fondos para ayudar en una catástrofe, invita a alguien de la organización con la que estás trabajando para que hable del tema en tu escuela. Aunque tengas tu mente y tu corazón en ayudar a otros, una persona que conozca más a fondo tu causa, seguramente podrá convencer a más gente que apoye tu causa. Si te gusta grabar vídeos, podrías filmar uno breve sobre tu causa para que otros lo vean.

Si deseas llegar a más gente, puedes contactar un noticiero o periódico local para contarles sobre tu evento. Otra opción sería crear una página web para tu evento en una red social, como Facebook, que permita ver toda la información claramente.

Esta mujer explica a un panel de expertos el proyecto de ayuda a víctimas de una catástrofe. Un orador bien informado puede ser útil para tu causa.

La cafetería de la escuela es un magnífico lugar para hacer campaña para tu causa.¡Habla de tu causa con otros compañeros durante el almuerzo!

Sé creativo, usa fotografías y haz que los invitados conozcan de tu causa antes del evento. Si trabajas con ardor y haces una buena **campaña**, pronto toda la comunidad sabrá cuándo y dónde llevar su donación.

Consejos

Usa pósters para publicitar tu evento, son útiles.
Si recaudas dinero para tu escuela, diseña algunos pósters para colgar en los pasillos, en la cafetería y en la biblioteca. No olvides pedir permiso antes para colgar letreros o para distribuir panfletos cerca de un establecimiento comercial.

23

Trabajo en equipo

Planear un evento tú solo para recaudar fondos será mucho trabajo. Pero si lo haces en equipo será más divertido. Además, todo será más fácil porque podrán repartirse las obligaciones y las responsabilidades.

Si decides recaudar dinero con un grupo de personas, puedes hacer un evento mayor, por ejemplo: una "feria de artículos usados" o "lavado de autos". Utiliza el talento y los recursos de cada integrante de tu equipo para planear y realizar tu evento. Si eliges lavar automóviles, algunos de tus colaboradores podrían buscar un sitio donde hacerlo. Los más creativos pueden hacer posters para publicitar

Trabajar en equipo es una experiencia muy valiosa para la vida. Estas alumnas planean juntas un evento para recaudar fondos.

Estos alumnos difunden información sobre su evento. Si tienes hermanos en tu escuela, pídeles que les cuenten a sus compañeros sobre tu evento para recaudar fondos.

el evento. Alguien que sea cuidadoso y responsable puede encargarse de recibir las donaciones.

Trabajar en equipo también te servirá para difundir más información sobre tu causa. Si les explicas a cinco personas por qué ésta es importante, a su vez, ellos se lo contarán a cinco personas más. ¡Incluso gente que nunca habías visto pronto conocerá la causa que apoyas!

El gran día

Tras semanas o quizá meses de trabajo, ¡ha llegado el día de tu evento! Es natural que estés ansioso, nervioso o ambas cosas. Recuerda que la clave del éxito es la organización. Cuánto más preparado llegues al gran día, más oportunidades tendrás de triunfar.

En un almanaque, podrías ir tachando los días hasta la fecha esperada. Aprovecha el tiempo que te queda para ultimar detalles.

Antes de que llegue la gente, reúnete con todos los **voluntarios**. Tómense un momento para recordar porqué eligieron apoyar esta causa, y cuánto dinero esperan recaudar. Asegúrate de que cada uno conozca bien su trabajo y sus responsabilidades. Hazles saber que durante el evento, pueden preguntarte lo que deseen.

Es vital que todo lo que necesites esté listo. Si decides por el "lavado de autos", no querrás quedarte sin jabón en plena actividad. Antes del evento, haz una lista de todo lo que van a necesitar y revísala antes de que comience el evento para que no te falte nada.

Durante el evento, camina entre la gente y conversa con ella. Agradéceles por haber venido y contesta cualquier pregunta que ellos puedan tener acerca de tu causa. Posiblemente, algunas personas deseen saber cómo la elegiste y por qué es importante para ti. Tal vez tengas que repetir lo mismo varias veces, pero todo es parte del trabajo. No pierdas el entusiasmo. Si te muestras seguro de ti mismo y apasionado por tu causa, habrá más interés en donar y muchos más te confiarán su dinero.

Para recibir las donaciones, pídele a un adulto de confianza, tu maestra o uno de tus padres, que se encargue del dinero. Para mayor seguridad, se puede ir guardando el dinero en una caja con cerradura.

¡Es importante que tu evento sea divertido! Como anfitrión, si tú disfrutas de lo que haces, la gente lo pasará mucho mejor.

Si piensas enviar tarjetas de agradecimiento, no olvides tomar nota de nombres y domicilios. También puedes pedir los correos electrónicos por si la gente desea saber el resultado de la donación, o si en el futuro podría haber más eventos de este tipo.

Mantén el compromiso

No creas que todo termina con la recaudación de las donaciones. Aún queda mucho por hacer. Una excelente forma de demostrarle a tu equipo de voluntarios que aprecias su colaboración, es enviarles tarjetas de agradecimiento. Si tienes información de contacto de quienes donaron dinero para tu causa, también podrías enviarles tarjetas de agradecimiento. Al sentirse apreciada, la gente casi seguro se unirá como voluntaria y hará más donaciones en el futuro.

Sin embargo, recaudar dinero no es la única manera de ayudar a otros. También es importante difundir **conciencia** acerca de una causa. Mantente informado y comparte novedades sobre tu causa. ¡Quizá tu actitud inspire a otros a elegir una causa en particular y recaudar dinero para ella!

Si bien ya expresaste a todos tu agradecimiento durante el evento, También deberías hacerlo por escrito enviando tarjetas a los voluntarios y a las personas que fueron generosas.

Glosario

causa Idea que una persona elige apoyar.

conciencia Conocimiento de lo que sucede alrededor.

donar Dar algo a alguien en forma gratuita.

evento Acontecimiento planeado con anticipación.

hacer campaña Trabajar para obtener un resultado

intermediario Persona de una organización con la que uno se comunica para intercambiar información.

patrocinar Pagar por una actividad.

recaudar fondos Juntar dinero para una causa.

recursos Suministros, cosas útiles.

rifa Evento en el que se venden boletos para obtener un premio.

sin fines de lucro Organización que trabaja sin intención de obtener ganancias.

voluntarios Personas que se ofrecen a trabajar sin recibir dinero.

Índice

Sitios de Internet

Debido a que los enlaces de Internet cambian a menudo, PowerKids Press ha creado una lista de los sitios Internet que tratan sobre el tema de este libro. Este sitio se actualiza con regularidad. Por favor, usa este enlacc para vcr la lista:

www.powerkidslinks.com/beacl/raise/